Marie-Luc Kerremans

Segne, Vater, diese Gaben

Marie-Luc Kerremans

Segne, Vater, diese Gaben

Tischgebete für alle Tage des Jahres

VERLAG NEUE STADT
MÜNCHEN · ZÜRICH · WIEN

Ein Buch aus der Reihe: *Meditation und Gebet*

Titel der Originalausgabe: Prières de la table

Übersetzung: Mathilde Wieman OSB

Die Deutsche Bibliothek – CIP-Einheitsaufnahme

Kerremans, Marie-Luc:

Segne, Vater, diese Gaben : Tischgebete für alle Tage des Jahres / Marie-Luc Kerremans. [Übers.: Mathilde Wieman]. – 5. Aufl. – München ; Zürich ; Wien : Verl. Neue Stadt, 1996
(Meditation und Gebet)
Einheitssacht.: Prières de la table ⟨dt.⟩
ISBN 3-87996-259-6

1996, 5. Auflage

Umschlaggraphik:
Andreas Felger, „Herbstzeit", Aquarell

Satz und Druck:
MZ-Verlagsdruckerei GmbH, Memmingen
ISBN 3-87996-259-6

Einführung

Mahlzeiten können Oasen im Alltag sein. Sie stärken uns, geben neue Kraft, sind Momente der Erholung und der Entspannung. Zur Erhaltung des Lebens und zur Erholung gehört ebenso wie die Nahrung auch die Gemeinschaft, die Kommunikation. Wir versammeln uns um den gleichen Tisch. Jemand hat etwas vorbereitet, wir teilen das Essen miteinander, reichen einander die Speisen, haben Gelegenheit, einander vieles mitzuteilen.

Mahlzeiten können auch zu Oasen für ein kurzes Gespräch mit Gott werden. In Rußland sagt man: „Wenn Brot auf dem Tisch liegt, wird jeder Tisch zum Altar." Die Nahrung, die wir zu uns nehmen, um unseren Leib am Leben zu erhalten, kann zum Anlaß werden, dem zu danken, der uns das Leben schenkt und für uns zum „Brot des Lebens" wurde. Und die Gemeinschaft untereinander kann zur Gemeinschaft mit Gott werden, der uns das Mahl als tiefste Form der Einheit hinterlassen hat und der uns einlädt zum Himmlischen Mahl.

Mahlzeiten dürfen aber nicht isolierte Oasen bleiben. Wir können andere Menschen einladen zu unserer Tischgemeinschaft. Und wir sollen uns immer wieder bewußt werden, daß Nahrung „Frucht der Erde" ist, die es zu schützen und zu bewahren gilt. Das Tischgebet kann uns an die Menschen erinnern, die daran mitgewirkt haben, daß wir eine Mahlzeit einnehmen können, vor allem aber an die Menschen, die nicht genügend Nahrung haben, um ihren Hunger stillen zu können.

Die hier gesammelten Tischgebete entstanden in einer betenden Gemeinschaft, bei den Benediktinern der belgischen Abtei Chevetogne. Sie bieten Anregungen für den Alltag (für einen jeden Tag eines Monats) und für die Feste oder besonderen Zeiten im Jahreslauf. Die von Schwester Marie-Luc Kerremans zusammengestellten Gebete eignen sich ebenso zum Vorlesen in der Familie wie zum Gebet bei festlichen gemeinsamen Mahlzeiten.

Für die Feste und Geheimnisse des Herrn

Advent

Gepriesen seist du, Gott, unser Vater,
du versprichst dem dürstenden Menschen
eine Quelle lebendigen Wassers.
Gib uns das Verlangen nach dem Heil
und unserem Mund Dank für diese Gaben,
die unsere Kräfte erneuern,
während wir voll Freude den erwarten,
der kommen soll,
Jesus Christus, unseren Herrn.

Wir sagen dir Dank, Vater des Erbarmens;
du gibst allem, was lebt, Speise und Trank.
Stütze unsere Schwachheit
durch die Kraft deines Geistes,
damit wir voll Zuversicht
die Ankunft deines Sohnes erwarten:
Jesus Christus, unseren Herrn.

Gepriesen bist du, Gott, unser Vater,
du sammelst deine Kinder
zu diesem brüderlichen Mahl.
Heile uns, die wir blind sind,
und laß uns das wahre Licht schauen
durch die Ankunft deines Sohnes,
unseres Herrn Jesus Christus.

Herr, unser Gott,
dein Sohn Jesus hat versprochen,
den treuen Knecht
an seinen Tisch zu laden.
Laß uns immer auf sein Wort hören,
damit wir wachend gefunden werden,
wenn er wiederkommt.
Gepriesen seist du, unser Vater,
durch Christus, unseren Herrn.

Herr, unser Gott,
dein Sohn Jesus ist nicht gekommen,
um sich dienen zu lassen,
sondern um zu dienen.
Laß uns auf seine Stimme hören
und die Gaben deiner Güte dankbar empfangen,
durch Christus, unseren Herrn.

Gott, unser Vater,
laß uns allzeit wachsam sein,
um dein Wort zu vernehmen,
damit wir dir danksagen
für die Gaben, die du uns hier auf Erden schenkst,
und die ewige Seligkeit erwarten,
die du denen bereitet hast,
die dich lieben.
Durch Christus, unseren Herrn.

Gott, unser Vater,
dein Prophet Johannes der Täufer
hat deinem Gesalbten in der Wüste
die Wege bereitet.
Lehre uns nach seinem Beispiel die Freude
an einem strengen und einfachen Leben
in der seligen Erwartung
der Ankunft des Erlösers,
Jesus Christus, unseres Herrn.

Gepriesen sei der Herr, unser Gott,
denn er wird sein Volk erlösen.
Voll Freude wollen wir dieses Mahl halten
und unserem Vater im Himmel
jetzt und immer danken,
durch Christus, unseren Herrn.

Gepriesen seist du, Gott, unser Vater,
du sendest deinen Propheten Johannes den Täufer,
um Christus in der Wüste die Wege zu ebnen.
Laß uns die geistlichen Freuden lieben,
damit wir uns öffnen für den,
der kommen wird, um sein Volk zu retten:
Jesus Christus, unseren Herrn.

Gepriesen seist du, Herr, unser Gott,
du erneuerst unser Leben
durch den Überfluß deiner Gaben.
Öffne unser Herz
für die Armen dieser Welt,
damit wir bei seiner Ankunft
den erkennen können,
der für uns arm geworden ist:
Jesus Christus, unseren Herrn.

Gepriesen bist du, Gott, unser Vater,
du hörst das Gebet der Armen
und willst uns von aller Sorge befreien.
Gib uns ein fröhliches Herz,
das dir allezeit Dank sagt.
Durch Christus, unseren Herrn.

Gepriesen sei der Herr, unser Gott,
der sich seines Volkes angenommen hat,
um all seine Wunden zu heilen.
Laßt uns in Freude und Dank
ihm die Wege bereiten,
denn er erfüllt uns mit seinen Gütern.
Durch Christus, unseren Herrn.

Weihnachtszeit

Gepriesen seist du, allmächtiger Gott,
denn heute wird von der Jungfrau Maria
der geboren, der das Weltall
in seinen Händen trägt.
Mit Muttermilch wird er genährt,
der in der Wüste für sein Volk
das Manna regnen ließ.
Wir danken dir, Vater,
für deine Wundertaten
und für die Fülle deiner Gaben,
die du uns von neuem schenkst.
Durch Christus, unseren Herrn.

Herr, unser Gott,
wir feiern die Geburt Christi
und preisen dich
für diese unendliche Freude.
Laß uns in deinem geliebten Sohn
das Leuchten deines Antlitzes sehen,
und bewahre uns in der Danksagung
für den Überfluß deiner Gaben.
Durch Christus, unseren Herrn.

Gepriesen seist du, Herr, unser Gott,
für das Licht, das in deinem Sohn Jesus
in unserer Finsternis aufleuchtet.
Aus Liebe zu uns Menschen
wird er durch seine Menschwerdung
zu unserem Erlöser
und erfüllt uns mit seinen Gaben.
Wir danken dir, Vater,
jetzt und allezeit,
durch Christus, unseren Herrn.

Gepriesen bist du, Herr, unser Gott.
In der Geburt deines Sohnes
hast du uns alles geschenkt.
Gib den Menschen unserer Zeit,
in ihm Frieden und Freude zu finden
und dir auf immer Dank zu sagen,
durch Christus, unseren Herrn.

Christus ist geboren, laßt uns ihn loben!
Christus ist vom Himmel gekommen,
gehen wir ihm entgegen!
Christus ist auf Erden, erheben wir uns!
In Freude und Jubel
laßt uns dem Herrn danken,
denn er will uns von allem Übel befreien
und uns ewiges Leben schenken,
er, der herrscht
von Ewigkeit zu Ewigkeit.

Sei gepriesen, Vater des Erbarmens!
In deinem Sohn Jesus,
der für uns im Fleisch geboren wurde,
hast du alles erneuern wollen.
Mit der Jungfrau Maria danken wir dir
für so große Gaben,
jetzt und immer,
durch Christus, unseren Herrn.

Heute ist durch die Jungfrau Maria
der Baum des Lebens
unter uns gepflanzt worden:
Wer davon ißt, wird ewig leben.
Gepriesen sei der Herr,
der unsere Kräfte erneuern will,
um uns in seiner Liebe
mit ihm wachsen zu lassen,
in alle Ewigkeit.

Heute ist das Flammenschwert
vom Baum des Lebens zurückgezogen worden,
und wir nehmen wieder teil
an den Früchten des Paradieses.
Sei gelobt, Gott, unser Vater,
der du uns mit deinen Gaben erfüllst,
durch Christus, unseren Herrn.

Gepriesen seist du, Gott, unser Vater;
so sehr hast du die Welt geliebt,
daß du ihr deinen eingeborenen Sohn
geschenkt hast,
das fleischgewordene Wort.
Gib, daß wir dir danksagen für dieses Mahl,
das uns in der Liebe deines Namens vereint,
und laß dein Licht
in unseren Herzen aufstrahlen.
Durch Christus, unseren Herrn.

Heute ist der ewige Sohn des Vaters
ein armes Menschenkind geworden
und hat alle Schmerzen auf sich genommen.
Gib uns die Gnade, Herr, unser Gott,
dich in den Geringen und Armen
dieser Welt zu erkennen
und in Liebe die Gaben mit ihnen zu teilen,
die wir von deiner Güte empfangen haben.
Durch Christus, unseren Herrn.

Gepriesen seist du, Herr, unser Gott,
für dieses Mahl,
das uns in weihnachtlicher Freude vereint.
Gib den Menschen unserer Tage,
bereitwillig jenen Frieden aufzunehmen,
den dein Sohn auf die Welt gebracht hat.
Vater, wir danken dir für die Gaben,
die du uns schenkst,
durch Christus, unseren Herrn.

Herr, unser Gott,
du hast deine Herrlichkeit aufleuchten lassen
in deinem Sohn,
der aus Liebe zu den Menschen
als einer von uns zur Welt kam.
Wir preisen dich, daß du uns
in diesem brüderlichen Mahl vereinst.
Laß uns durch unser ganzes Leben
den Frieden bezeugen, der von dir kommt.
    Durch Christus, unseren Herrn.

Heute hat der Allmächtige
unsere Schwachheit angenommen,
um uns seine Kraft zu geben,
er, der Freund der Menschen.
Dankbar wollen wir Mahl halten,
denn Gott ist mit uns,
    jetzt und in Ewigkeit.

Erscheinung des Herrn

6. Januar

Herr, unser Gott, heute hat dein Sohn,
der unsere Schmerzen auf sich nahm,
uns Anteil an seiner Gottheit geschenkt.
Sei gepriesen, unser Vater,
weil du uns in deiner Liebe
um diesen Tisch versammelst.
Laß uns dir allzeit danksagen
durch Christus, unseren Herrn.

Gepriesen seist du, Gott, unser Vater;
du erfüllst uns mit deinen Gütern
in deinem Sohn Jesus, dem Immanuel.
Laß uns immer in deinem Hause wohnen
und uns seiner Gegenwart erfreuen,
damit wir dir allzeit danken
durch Christus, unseren Herrn.

Herr und Gott, Quell unseres Lebens,
du hast uns im Wasser und im Heiligen Geist
gereinigt und von allem Bösen befreit.
Du hast uns die neue Geburt geschenkt,
damit wir in einem neuen Leben
deine Kinder werden.
Laß uns dich würdig preisen in Freude
und Dank für den Überfluß deiner Gaben.
Durch Christus, unseren Herrn.

Gütiger Vater,
voll Freude begehen wir den Tag,
an dem Christus sich offenbart hat,
um uns an seiner Herrlichkeit
teilhaben zu lassen.
Durch ihn wolltest du
die ganze Schöpfung erneuern.
Sei gepriesen für deine Wundertaten,
der du alles, was lebt,
mit deinen Gaben nährst und erhältst.
Durch Christus, unseren Herrn.

Herr, unser Gott,
dein Sohn Jesus
ist der Welt erschienen,
um alle zu erleuchten,
die in Finsternis und Todesschatten leben.
Laß uns in seinem Licht wandeln
und dir danken für den Überfluß deiner Gaben,
durch Christus, unseren Herrn.

Taufe Jesu

Sonntag nach dem 6. Januar

Herr, unser Gott,
dein Sohn Jesus ist am heutigen Tag,
von allem entäußert,
zu Johannes, deinem Knecht, gekommen,
um sich von ihm taufen zu lassen.
Gib uns die Kraft,
auf die falschen Reichtümer zu verzichten,
und mach uns würdig,
an diesem Mahl teilzunehmen,
voll Freude über das Licht der Erscheinung
unseres Herrn Jesus Christus.

Gott, unser Vater,
dein Sohn Jesus
hat am heutigen Tag
die Taufe empfangen.
Er ist das Licht für jeden Menschen,
der in die Welt kommt.
Du gibst uns das Leben und erhältst es:
Gib uns ein reines Herz,
damit wir dir danken,
jetzt und allezeit,
durch Christus, unseren Herrn.

Gepriesen seist du, Herr, unser Gott,
für die Wundertaten,
die dein Sohn Jesus Christus gewirkt hat,
als er Wasser in köstlichen Wein verwandelte.
Segne deine Kinder,
und laß unsere irdischen Mahlzeiten
ein Zeichen sein
für das ewige Hochzeitsmahl.
Durch Christus, unseren Herrn.

Herr, unser Gott,
dein Sohn Jesus hat nicht verschmäht,
unsere Natur anzunehmen
und sich taufen zu lassen.
Er hat unsere Schuld getilgt.
Laß uns dir danksagen, der du uns
überreich segnest in deinem geliebten Sohn.
Vater, sei gepriesen,
jetzt und in Ewigkeit.

Herr, unser Gott, am heutigen Tag
offenbarte sich dein Sohn Jesus am Jordan,
als er von seinem Vorläufer die Taufe empfing.
Er erleuchtete das Volk,
das in Finsternis und Todesschatten lebte.
Durch ihn hast du uns Anteil
an deiner Herrlichkeit gegeben.
So laß uns leben in der Danksagung
für alles Gute, das du uns schenkst.
Durch Christus, unseren Herrn.

Darstellung des Herrn

2. Februar

Heute offenbart sich
der Herr der Herrlichkeit
seinem Volk als kleines Kind
in den Armen seiner Mutter.
Er nimmt unsere Schwachheit an
und schenkt uns seine Kraft.
In Ewigkeit wollen wir ihm danken,
Jesus Christus, unserem Herrn.

Gott, unser Vater,
wir loben dich für die Jungfrau Maria,
denn in ihren Armen trägt sie
Christus, unseren Herrn,
die Sonne der Gerechtigkeit,
die das Weltall erleuchtet.
Laß uns in seinem Lichte leben,
jetzt und auf immer,
in Christus, unserem Herrn.

Heute hat die Jungfrau Maria,
die Begnadete, der Welt den Erlöser gezeigt.
Er befreit uns von der Traurigkeit der Sünde.
Gehen wir ihm freudig entgegen,
Christus, der uns durch die Fülle seiner Gaben
täglich neues Leben schenkt.
Wir danken ihm in Ewigkeit.

Verkündigung des Herrn
25. März

Heute feiern wir den Aufgang
der Morgenröte unseres Heils,
die Offenbarung des ewigen Geheimnisses:
Gottes Wort wird der Sohn der Jungfrau Maria.
Laßt uns dem Vater im Himmel danksagen,
der uns mit seinen Gütern erfüllt
jetzt und allezeit durch seinen Sohn,
Christus, unseren Herrn.

Heute ist der Heilige Geist
auf Maria, die Jungfrau, herabgekommen,
und wir feiern mit ihr
den Anfang der Freude für die ganze Welt.
Er, der zur Rechten des Vaters thront,
nimmt unter uns Wohnung.
Danken wir Gott für all seine Gaben,
durch Christus, unseren Herrn.

Fastenzeit

Gott, unser Vater,
das Fasten, das dir wohlgefällig ist,
gründet im Geist der Demut
und der Offenheit
für die Not der Menschen.
Gib uns ein neues Herz,
damit wir dir danksagen
durch Gerechtigkeit und Liebe,
wie es dir gefällt.
Durch Christus, unseren Herrn.

Gott, unser Vater,
in deinem Reich
werden die Armen essen
und sich sättigen.
Hilf den Menschen von heute,
die Fesseln der Ungerechtigkeit zu zerreißen,
um die Güter dieser Welt
mit denen zu teilen,
die nichts haben,
damit alle dir danken
und deine Gerechtigkeit preisen.
Durch Christus, unseren Herrn.

Herr, unser Gott,
dein Sohn Jesus hat denen,
die in seinem Namen versammelt sind,
versprochen, mitten unter ihnen zu sein.
Laß uns unaufhörlich
das Licht seines Angesichts suchen
und in seiner Liebe bleiben.
Sei gepriesen, Vater,
für den Überfluß deiner Gaben.
Durch Christus, unseren Herrn.

Gott, unser Vater,
die Speise deines Knechtes Jesus
war es, deinen Willen zu tun
bis zum Tod am Kreuz.
Sei gepriesen für dieses Mahl,
das unserer Schwäche aufhilft,
und lehre uns, daß auch wir aus jedem Wort
leben, das aus deinem Munde kommt.
Durch Christus, unseren Herrn.

Gepriesen seist du, Herr, unser Gott:
Du sendest den Tau auf die Erde
und erfüllst sie mit Gütern,
um alles, was lebt, zu ernähren.
Gib allen Menschen, was sie nötig haben,
und hilf uns, in Freude
und im Vertrauen auf deine Liebe
unser Brot mit den Armen zu teilen.
Durch Christus, unseren Herrn.

Vater der Barmherzigkeit,
du hast deinen reumütigen Kindern einen Tisch bereitet. Schenk uns in deiner Güte
immer vom Überfluß deiner Gaben,
und mach uns würdig,
sie reinen Herzens mit anderen zu teilen.
Durch Christus, unseren Herrn.

Gepriesen seist du, Herr, unser Gott;
du hast dein Volk befreit
und in der Wüste genährt.
Blicke gütig auf deine Kinder,
die in deinem Namen versammelt sind.
Gib uns das tägliche Brot,
und führe uns im Licht deiner Gebote
auf den Wegen dieser Welt
zum Festmahl in deinem Reich.
Durch Christus, unseren Herrn.

Herr, unser Gott,
dein Sohn hat die Beschwernisse
des irdischen Lebens auf sich genommen.
Er hat mit den Sündern Mahl gehalten.
So komme er auch zu uns,
um uns zu lehren,
dich für die irdische Speise zu preisen.
Laß uns in der Treue zu ihm
zum Licht des Ostergeheimnisses gelangen.
Gelobt seist du, Vater,
durch Christus, unseren Herrn.

Herr, unser Gott,
du hast versprochen,
alle, die hungern und dürsten
nach der Gerechtigkeit,
mit deinen Gütern zu sättigen.
Mach uns arm und demütig von Herzen,
damit wir dir danksagen können
für diese irdische Speise
und mit all unseren Brüdern
dem Festmahl deines Reiches entgegengehen.
Durch Christus, unseren Herrn.

Vater, sei gepriesen
in Jesus, deinem Knecht,
der für uns am Kreuz gelitten hat.
Reinige unser Herz
durch die Buße,
die der Heilige Geist uns eingibt,
damit wir, innerlich bereitet,
der österlichen Freude entgegengehen
mit Christus, unserem Herrn.

Herr, unser Gott,
sei gepriesen für all deine Gaben.
Laß uns immer bereit sein,
unseren Brüdern zu dienen,
damit wir alle zusammen
zum Festmahl deines Reiches gelangen.
Durch Christus, unseren Herrn.

Sei gepriesen, Herr, unser Gott:
Du läßt das Werk unserer Hände gedeihen
und gibst uns Speise zur rechten Zeit.
Laß uns immer an die Ärmsten denken
und unser Brot mit den Hungernden teilen,
damit sie mit uns dir danken können,
durch Christus, unseren Herrn.

Herr, unser Gott, sei gepriesen
für die Gaben, die du uns schenkst.
Mach uns stets bereit,
daß wir unseren Brüdern dienen
und ihnen in deinem Licht den Weg weisen
zum Festmahl in deinem Reich.
Durch Christus, unseren Herrn.

Gepriesen seist du, Herr, unser Gott;
du hast dein Volk durch die Wüste geführt
und mit dem Himmelsbrot genährt.
Laß auch uns dein Erbarmen erfahren;
festige uns in der Liebe,
die wir dir entgegengehen
und dir danksagen
durch Christus, unsern Herrn.

Sei gepriesen, du unser Vater;
in deinem Sohn Jesus Christus
hast du uns alles geschenkt.
Laß uns dieses Mahl
voll Dankbarkeit genießen,
und laß uns immer
nach der geistigen Speise verlangen,
die uns zum Heil gereicht.
Durch Christus, unseren Herrn.

Gepriesen seist du, Gott, unser Vater:
Du bereitest dem verlorenen Sohn ein Festmahl
und nimmst ihn auf in dein Haus.
Gelobt seist du für all deine Gaben;
schenk uns ein neues Herz,
und lade uns zu dem Festmahl ein,
das du denen bereitet hast,
die dich lieben.
Durch Christus, unseren Herrn.

Vater des Erbarmens,
du hast denen, die deinen Namen ehren,
die Fülle deiner Gaben verheißen.
Laß uns deine Nähe erfahren,
damit auch wir denen
reichlich geben können,
die ein Zeichen deiner Liebe erwarten.
Durch Christus, unseren Herrn.

Gepriesen seist du, Gott, unser Vater:
Du lädst die Sünder
an den Tisch deines Reiches.
Laß uns dieses brüderliche Mahl
in Eintracht und Dankbarkeit zu uns nehmen,
damit es ein sichtbares Zeichen
unserer Einheit in dir sei.
Durch Christus, unseren Herrn.

Sei gelobt, Gott, unser Vater,
du hast uns geheilt
von dem Verlangen nach der Frucht,
die den Tod bringt;
du gibst uns die Sehnsucht
nach dem Brot des Lebens.
Nimm unsere Danksagung an,
und führe uns durch deinen Geist
zu den unvergänglichen Gütern.
Durch Christus, unseren Herrn.

Herr, unser Gott,
sei gepriesen für diese Speise,
die wir aus deiner Hand empfangen.
Wie die Sünderin im Haus des Pharisäers,
so hoffen auch wir
auf deine verzeihende Gnade.
Durch Christus, unseren Herrn.

Gelobt seist du, Herr, unser Gott,
du heilst uns von allem Übel
durch deinen Sohn Jesus Christus,
den Sieger über den Tod.
Nimm an unseren Dank für dieses Mahl,
das uns in deiner Liebe vereint,
und leite uns auf deinen Wegen
zu den Gütern in deinem Reich.
Durch Christus, unseren Herrn.

Herr, unser Gott,
dein Sohn Jesus hat die Brote vermehrt,
um die Menschen zu speisen,
die ihm in die Wüste gefolgt waren.
Laß auch uns teilhaben
an den Wundern deiner Liebe.
Gib uns, was wir für unser Leben brauchen,
damit wir dir mit freiem Herzen dienen.
Durch Christus, unseren Herrn.

Gott, unser Vater,
wir danken dir für deinen Sohn,
unseren Herrn Jesus Christus,
der aus Liebe zu den Menschen
Fleisch angenommen hat.
Durch ihn schenkst du uns das Brot,
das uns stärkt;
laß uns voll Freude dem Licht
deines heiligen Berges entgegengehen
mit Christus, unserem Herrn.

Herr, unser Gott, du hast uns
zu diesem brüderlichen Mahl versammelt.
Gib uns den Geist der Liebe;
lehre uns, unser Brot zu teilen
und unser Herz zu öffnen,
damit wir einst mit all unseren Brüdern
am Tisch deines Reiches sitzen dürfen
mit Christus, unserem Herrn.

Herr, unser Gott,
öffne unsere Lippen zu deinem Lob,
damit wir durch dieses Mahl
in der Liebe vereint werden.
Führe uns auf deinen Wegen
zum Gastmahl in deinem Reich
mit Christus, unserem Herrn.

Herr, unser Gott,
dein Sohn Jesus hat unter den Menschen gelebt
und ist zum Diener aller geworden.
Laß uns nach seinem Vorbild
wach sein für die Not unserer Brüder,
und mach uns würdig, damit wir
bei diesem Mahl
deine Gegenwart erfahren.
Durch Christus, unseren Herrn.

Palmsonntag

Gepriesen seist du, Herr, unser Gott;
du sammelst deine Kinder
wie die Zweige des Ölbaums
um deinen Tisch
und schenkst allen Menschen
den Überfluß deiner Gaben.
Versammle uns dereinst
in der Einheit deines Reiches
    mit Christus, unserem Herrn.

Gelobt seist du, Herr, unser Gott,
du versammelst deine Kinder um den Tisch,
den du bereitet hast.
Erhalte uns auf immer
in der Einheit deiner Liebe,
    in Christus, unserem Herrn.

Wir preisen dich, Herr, unser Gott,
durch deinen Sohn Jesus,
der aus Liebe zu uns das Leiden auf sich nahm.
Wie die Kinder, die ihm
am heutigen Tag zugejubelt haben,
wollen auch wir ihm entgegengehen
und dir unseren Dank sagen,
der du uns alles geschenkt hast
in deinem geliebten Sohn
Jesus Christus, unserem Herrn.

Sei gelobt, Gott, unser Vater,
am heutigen Tag haben die Kinder
Israels deinen Sohn Jesus
mit Palmzweigen und Freudenliedern
als den Messias aufgenommen.
Gib, daß auch wir den begrüßen,
der den Tod überwunden hat
und durch den alles Gute kommt,
Jesus Christus, unseren Herrn.

Herr, unser Gott, sei gelobt
für deinen Sohn Jesus,
der in den Abgrund des Todes
hinabgestiegen ist,
um uns mit sich heraufzuführen.
Sei bei uns, damit wir dieses Mahl
in Dankbarkeit für sein Leiden
zu uns nehmen.
Durch Christus, unseren Herrn.

Karwoche

Gepriesen seist du, Herr, unser Gott;
du hast beim Mahl deines Bundes
deinen eigenen Sohn, das Lamm,
das geopfert wurde, uns zur Speise gegeben.
Gib uns die Gnade,
seines Opfers eingedenk zu bleiben,
damit wir unser Brot miteinander teilen
im Geist der Liebe und Versöhnung.
Durch Christus, unseren Herrn.

Gepriesen seist du, Gott, unser Vater,
du hast uns durch das Blut deines Sohnes
mit dir versöhnt.
Laß uns dir danksagen
im Frieden und in der Freude
über all deine Wohltaten,
durch Christus, unseren Herrn.

Herr, unser Gott, um uns zu retten,
hast du deinen eingeborenen Sohn
nicht verschont;
in ihm hast du uns alles geschenkt.
Nimm unseren Dank an,
und wende unsere Herzen hin zu dir.
Durch Christus, unseren Herrn.

Herr, unser Gott, dein Sohn Jesus
wurde wie ein Lamm für uns geopfert
und hat uns durch sein Blut
das Leben neu geschenkt,
indem er den Tau des Geistes über uns ausgoß.
Sei gepriesen, Vater,
für den Überfluß deiner Gaben, mit denen
du immerfort unser Leben erneuerst.
Durch Christus, unseren Herrn.

Gelobt seist du, Herr, unser Gott;
gelobt sei dein Sohn Jesus,
der für uns den Kelch
bis zur Neige geleert hat,
den Kelch des Leidens.
Wir danken dir für dieses Mahl,
das uns in deiner Liebe vereint,
und bitten dich:
Laß uns so gesinnt sein
wie Christus Jesus, unser Herr.

Gepriesen seist du, Gott, unser Vater;
dein Sohn hat uns in seinem Erbarmen
durch sein Blut vom Tode befreit.
Gib uns die Kraft, daß wir dem Wirken
des Bösen in uns keinen Raum geben,
damit wir ein neues Leben beginnen
und dir danksagen
für die unzähligen Gaben deiner Liebe,
durch Christus, unseren Herrn.

Gepriesen bist du, unser Vater;
du hast uns das Gesetz
der Liebe und der Vergebung geschenkt.
Laß uns nach dem Beispiel deines Sohnes
einander in aufrichtiger Liebe dienen
und dir danksagen
für deine zahllosen Wohltaten,
durch Christus, unseren Herrn.

Gepriesen seist du, Gott, unser Vater;
du hast deinen eigenen Sohn dahingegeben,
um uns das Leben zu schenken.
Laß uns dieses Mahl
voll Dank zu uns nehmen
und immer an deine Liebe glauben.
Durch Christus, unseren Herrn.

Herr, unser Gott, wir loben dich
um Jesu, deines Sohnes willen.
Er hat aus freiem Entschluß
in der Schwachheit des Fleisches gelitten,
aber in der Kraft des Geistes
ist er vom Tod erstanden.
Laß uns voll Freude
jetzt und allezeit
seiner Auferstehung entgegengehen.
Durch Christus, unseren Herrn.

Herr, unser Gott,
dein Sohn Jesus war unter uns
wie einer, der dient,
er, der Herr und Meister.
Mach uns bereit,
unseren Brüdern zu dienen,
um mit ihm der Auferstehung
entgegenzugehen.
Sei gepriesen, Vater,
der du uns das Leben schenkst.
Durch Christus, unseren Herrn.

Herr, unser Gott,
dein Knecht Jesus
hat am Abend vor seinem Leiden
mit seinen Jüngern Mahl gehalten
und ihnen das große Sakrament
der Einheit als Testament hinterlassen.
Segne auch uns bei diesem Mahl,
das uns vereint,
und laß uns eingehen
in das Geheimnis deiner Liebe.
Durch Christus, unseren Herrn.

Gott, unser Vater,
nimm unseren Dank an
für das tägliche Brot,
die Frucht der Erde
und der menschlichen Arbeit.
Mach uns würdig,
auch das wahre Brot des Himmels zu essen,
das du uns schenkst in deinem Sohn
Jesus Christus, unserem Herrn.

Herr, unser Gott, wir preisen dich
für deinen Sohn Jesus.
Vor seinem Leiden hat er sich selbst
für uns zur Speise gemacht
und uns sein Fleisch und Blut
als Lebensbrot und Lebenstrank gegeben.
Was können wir dir anderes zurückgeben
als unseren Dank, dir,
der du uns unaufhörlich
mit deinen Gaben beschenkst.
Durch Christus, unseren Herrn.

Herr, unser Gott,
dein Sohn Jesus,
der mit dir das Weltall in Händen trägt,
hat sich so tief erniedrigt,
daß er seinen Jüngern die Füße wusch.
Gib, daß wir dem Beispiel seiner Demut folgen,
um dir am heutigen Tag,
an dem er sich zu unserem Heil
als Speise hingegeben hat,
für all deine Wohltaten zu danken
durch ihn, der mit dir und dem Heiligen Geist
lebt und herrscht in Ewigkeit.

Herr, unser Gott,
du beschenkst uns mit deinen Gaben;
lenke unsere Herzen immer
zu Lob und Dank auf dich.
Gib uns das Verlangen
nach dem wahren Brot,
das für das Leben der Welt
hingegeben wurde:
Jesus Christus, unser Herr.

Karfreitag

Herr, unser Gott,
du hast deinen Sohn in Knechtsgestalt
zu uns gesandt, und er war gehorsam
bis zum Tod am Kreuz.
Mach uns von Herzen demütig und bereit,
unseren Brüdern zu dienen,
indem wir unser Mahl mit anderen teilen.
Durch Christus, unseren Herrn.

Herr, unser Gott,
dein Sohn hat die Hände ausgebreitet,
um durch sein heilbringendes Kreuz
alle zerstreuten Völker zu einen.
Laß uns dieses Mahl
in der Einheit deiner Liebe zu uns nehmen.
Sei gepriesen, Vater,
für den Reichtum deiner Gaben.
Durch Christus, unseren Herrn.

Gepriesen seist du, Gott, unser Vater,
an diesem Tag, da Jesus, dein Sohn,
unsere Sünden am Holz des Kreuzes getilgt hat.
Laß uns dieses Mahl in Dankbarkeit
und Freude zu uns nehmen.
Durch Christus, unseren Herrn.

Karsamstag

Gelobt seist du, Herr, unser Gott;
du erfüllst uns mit deinen Gaben
in deinem Sohn Jesus, dem Licht der Welt.
Gib uns die Gesinnung eines Armen,
um an diesem Mahl in Dankbarkeit
und in der stillen Erwartung
der Auferstehung deines Sohnes teilzunehmen,
Christus, unseres Herrn.

Gepriesen seist du, Herr, unser Gott;
in deinem Sohn Jesus
hast du uns von allem Bösen befreit.
Wir danken dir für deine Wohltaten.
Laß uns dieses brüderliche Mahl halten
in der Freude und in der Erwartung
der Auferstehung deines Sohnes
Jesus Christus, unseres Herrn.

Ostern

Gepriesen seist du, Herr, unser Gott;
in deinem auferstandenen Sohn
schenkst du uns das Heil,
die Erstlingsfrucht der neuen Ernte.
Du hast das Brot geschaffen,
um uns in der Schwachheit zu stärken,
und den Wein, der unser Herz erfreut.
Laß uns dir danksagen und unser Mahl
in der Freude deines Geistes zu uns nehmen.
Durch Christus, unseren Herrn.

Gott, unser Vater,
dein Sohn Jesus,
der wahre Weinstock,
hat uns sein Blut
zum Lebenstrank gegeben.
Laß uns in der Freude
seiner Auferstehung leben,
und nimm unseren Dank an,
der du unsere Schwäche durch
den Überfluß deiner Gaben heilst.
Sei gelobt, Vater,
durch Christus, unseren Herrn.

Gepriesen seist du, Herr, unser Gott,
für die Auferweckung deines Sohnes.
Durch ihn läßt du
im Herzen deiner Gläubigen
einen Quell lebendigen Wassers entspringen.
Nimm unseren Dank für diese Speise an,
die wir jetzt zu uns nehmen,
und stille in deiner Barmherzigkeit
den Durst all jener,
die nach deiner Gerechtigkeit verlangen.
Durch Christus, unseren Herrn.

Gepriesen seist du, Herr, unser Gott,
für deinen Sohn, der von den Toten erstanden ist.
Er stärkte den Glauben der Jünger,
er hat nach seiner Auferstehung
mit ihnen gegessen und getrunken.
Gib auch uns die wahre Erkenntnis,
damit wir als Helfer seiner Freude
unser Mahl dankbar zu uns nehmen.
Durch Christus, unseren Herrn.

Gepriesen seist du, Herr, unser Gott,
daß du in unsere Herzen
den Heiligen Geist gesandt hast.
In ihm rufen wir: Abba, Vater!
Laß uns jetzt dieses Mahl
in der Freude und Freiheit
der Kinder deines Hauses zu uns nehmen.
Durch Christus, unseren Herrn.

Wir sagen dir Dank, gütiger Vater,
für die Auferstehung deines Sohnes.
Wie das Brot aus vielen Körnern
zusammengefügt ist,
so sammle deine Kinder
von den Enden der Erde
in deinem Reich.
Durch Christus, unseren Herrn.

Wir loben dich, Gott, unser Vater,
du gibst uns nicht nur
das irdische Brot zur Speise,
sondern auch dein lebendiges Wort.
Laß uns voll Dankbarkeit
unser Mahl zu uns nehmen,
und mach uns würdig
für das Gastmahl deiner Weisheit.
Durch Christus, unseren Herrn.

Gepriesen seist du, Herr, unser Gott!
Durch das Leiden deines Sohnes
und durch seine Auferstehung
hast du unsere Wunden geheilt.
Wir sind deine Kinder.
Laß uns nun in Danksagung
das Brot nehmen,
das deine Güte uns schenkt.
Durch Christus, unseren Herrn.

Gepriesen seist du, Herr, unser Gott,
für deinen Sohn Jesus,
der seinen verzagten Jüngern
am Ufer ein Mahl bereitet hat.
Sie aßen voll Freude beim Anblick
ihres auferstandenen Herrn.
Laß auch uns, Gott und Vater,
unsere Speise voll Freude
über seine Gegenwart zu uns nehmen
und dir danksagen
für seine Auferstehung,
jetzt und in Ewigkeit.

Gepriesen seist du, Gott, unser Vater;
du hast durch ein Mahl
den Bund mit deinem Volk besiegelt.
Gib uns, deinen Geboten treu zu folgen,
damit wir unsere Nahrung
mit Danksagung und in der Freude
des Heiligen Geistes zu uns nehmen.
Durch Christus, unseren Herrn.

Wir sagen dir Dank, Gott, unser Vater:
Du hast uns im Wasser der Taufe wiedergeboren.
Sei gelobt für dieses Mahl,
das wir aus deiner Hand empfangen,
und gib uns, deinen Kindern,
die geistliche Nahrung, die uns zum Heil gereicht.
Durch Christus, unseren Herrn.

Herr, unser Gott,
die Jünger haben deinen Sohn
am Brotbrechen erkannt.
Gott, unser Vater, gib auch uns
die Freude seiner Gegenwart unter uns,
damit wir dieses Mahl
mit Dank und im Vertrauen
auf deine Liebe zu uns nehmen.
Durch Christus, unseren Herrn.

Herr, unser Gott, der Segen
deines Sohnes komme auf uns herab.
Bleibe bei uns
wie bei den Jüngern von Emmaus,
denen er am Abend
nach seiner Auferstehung das Brot brach,
jetzt und für alle Zeit.

Herr, Gott unserer Väter,
nimm unsere Danksagung
für die vielen Gaben deiner Liebe an,
und erhalte uns
im Licht der Auferstehung
Christi, unseres Herrn.

Herr, unser Gott,
gelobt seist du für das tägliche Brot.
Führe uns zu deinem geliebten Sohn,
der sich für uns hingegeben hat,
damit wir in ihm das wahre Brot finden,
das uns zum ewigen Leben nährt.
Wir sagen dir Dank, gütiger Vater,
durch Christus, unseren Herrn.

Herr, unser Gott,
dein Sohn Jesus hat versprochen,
an unsere Tür zu klopfen und einzutreten,
um mit uns Mahl zu halten,
wenn wir auf seine Stimme hören.
Gib uns, daß wir seinem Wort gehorchen,
damit er bei uns bleibe,
jetzt und in alle Ewigkeit.

Christi Himmelfahrt

Sei gelobt, Vater,
in deinem Sohn Jesus,
dem Sieger über den Tod.
In die himmlische Herrlichkeit erhoben,
sendet er uns den Heiligen Geist,
um uns in der Liebe zu dir zurückzuführen.
Nimm unseren Dank an
für die Fülle deiner Gaben,
durch Christus, unseren Herrn.

Herr, unser Gott,
wir preisen dich an diesem Tag,
an dem dein Sohn Jesus
unsere menschliche Natur
mit sich in den Himmel genommen hat.
Gieße den Geist der Armut
in unsere Herzen,
damit wir voll Dankbarkeit
den Reichtum deiner Gaben empfangen.
Durch Christus, unseren Herrn.

Pfingsten

Gepriesen seist du, Gott, unser Vater;
du liebst die Menschen
und willst sie durch deinen Geist
in die volle Wahrheit führen.
Gib den Menschen unserer Tage
den Geist der Dankbarkeit
für die Überfülle deiner Gaben,
und erhalte sie in der Treue
zu deinem Geist der Liebe.
Durch Christus, unseren Herrn.

Gepriesen seist du, Herr, unser Gott:
Durch deinen lebenspendenden Geist
erfüllst du alle, die auf dich hoffen,
mit deinen Gütern.
Gib uns den Geist der Armut,
damit wir mit reinem Herzen die Gaben
deiner Barmherzigkeit empfangen.
Durch Christus, unseren Herrn.

Gepriesen seist du, Gott, unser Vater,
am heutigen Tag, an dem du deine Kirche
mit dem Geist der Stärke und Liebe erfüllst.
Laß deine Kinder den Reichtum seiner Gaben
in Freude und Dank aufnehmen.

Gepriesen seist du, Herr, unser Gott;
du erneuerst unaufhörlich
deine Wohltaten für uns.
Befreie uns von Gewalt;
gib den Hungernden Brot,
damit alle in Frieden leben
und dir in der Wahrheit
deines Geistes danken können,
durch Christus, unseren Herrn.

Gepriesen seist du, Herr, unser Gott;
du erfüllst uns mit deinen Gütern.
Erweise an uns deine Wundertaten,
und gieße den Geist deiner Liebe
auch in unsere Herzen.
Erhalte uns vereint
durch das Band des Friedens
und wachsam für die Not unserer Brüder.
Durch Christus, unseren Herrn.

Wir preisen dich, Gott, unser Vater:
Du hast deinen Geist
über die Jünger deines Sohnes ausgegossen,
damit sie deine Wundertaten verkünden.
Wir wollen dich durch unser ganzes Leben
lobpreisen und dir danksagen
für all deine Gaben,
durch Christus, unseren Herrn.

Fronleichnam

Herr, unser Gott,
du hast dein Volk in der Wüste
mit dem Brot vom Himmel genährt.
Tu auch an uns deine Wunder kund,
und laß uns dir täglich danksagen
für die Fülle deiner Gaben,
durch Christus, unseren Herrn.

Sei gepriesen, Gott, unser Vater;
du hast uns das Brot vom Himmel gegeben,
um uns in unserer Schwachheit zu stärken.
Laß uns diese Mahlzeit
in Dankbarkeit empfangen.
Durch Christus, unseren Herrn.

Vater der Barmherzigkeit,
in dir ist die Quelle des Lebens;
du lädst deine Diener
an den Tisch deiner Weisheit
und sättigst sie
mit dem Überfluß deiner Gaben.
Bewahre alle, die dich suchen,
in deiner Liebe,
damit sie dir immer danksagen
durch Christus, unseren Herrn.

Herz-Jesu-Fest

Freitag in der 3. Woche nach Pfingsten

Herr, unser Gott,
mit ewiger Liebe hast du uns geliebt;
du beschenkst uns durch deinen Sohn
unaufhörlich mit allem Guten.
Wir sagen dir Dank, Vater,
der du allen Lebewesen Speise gibst
und uns in deiner Liebe versammelst.
Durch Christus, unseren Herrn.

Herr, unser Gott,
in deinem Herzen
denkst du Gedanken des Friedens.
Du sendest uns
deinen eingeborenen Sohn,
damit wir in seiner Liebe leben und bleiben.
Sei gepriesen, Vater der Barmherzigkeit,
der du uns in deinem Haus
zu diesem brüderlichen Mahl vereinst.
Durch Christus, unseren Herrn.

Verklärung Christi

6. August

Herr Jesus Christus,
du wurdest vor deinen Jüngern
auf geheimnisvolle Weise verklärt.
Präge unseren Herzen die Stimme des Vaters ein,
der dich seinen vielgeliebten Sohn nannte.
Wenn wir deine Gebote befolgen,
werden auch wir in deinem Licht leben
und dich ohne Ende für deine Wohltaten preisen,
der du mit dem Vater und dem Heiligen Geist
lebst und herrschst in Ewigkeit.

Herr, unser Gott, wie dein Sohn Jesus Christus
seine Jünger auf einen Berg geführt hat,
so führe uns auf den heiligen Berg deiner Liebe.
Öffne unsere Augen für deine Herrlichkeit,
und gib uns die Dankbarkeit
für die Fülle deiner Gaben.
Durch Christus, unseren Herrn.

Wir preisen dich, Gott, unser Vater:
Am heutigen Tag erstrahlt die sterbliche
Natur deines Sohnes im göttlichen Glanz.
Laß uns in seinem Licht leben
und dir danken für deine Gaben,
durch Christus, unseren Herrn.

Kreuzerhöhung

14. September

Sei gelobt, Gott, unser Vater,
an diesem Tag, an dem deine Kirche
voll Freude das lebenspendende Kreuz
deines Gesalbten preist.
Laß uns im Kreuz Christi
unseren Frieden und unsere Einheit finden.
Sei gelobt, Herr und Gott;
du erfüllst uns mit deinen Gütern
durch ihn, der aus freiem Willen
für uns am Kreuz erhöht worden ist:
Jesus Christus, unser Herr.

Gütiger Gott, wir loben dich:
Heute ruft deine Kirche
die ganze Schöpfung dazu auf,
das heilbringende Leiden
deines Sohnes zu verehren,
der für uns am Kreuz erhöht worden ist.
Gib, daß wir ihn unermüdlich
verherrlichen und lobpreisen,
der uns in deiner Liebe vereint
und uns die Fülle deiner Gaben schenkt:
Jesus Christus, unser Herr.

CHRISTKÖNIG

34. Sonntag im Jahreskreis

Herr, unser Gott, sei gelobt
für deinen Sohn Jesus Christus,
den erhabenen Hirten deiner Herde;
er führt uns unaufhörlich
auf die gute Weide deines Wortes
und geleitet uns zu dir.
Wir danken dir, Vater,
daß du uns schon jetzt
an den Gütern deines Reiches Anteil gibst,
durch Christus, unseren Herrn.

Herr, unser Gott, wir sagen dir Dank
in deinem Sohn Jesus Christus,
dem König der Herrlichkeit.
Er bereitet seinen Freunden den Tisch
und reicht ihnen den überströmenden Becher.
Sei gepriesen, barmherziger Vater;
du versammelst uns in deinem Haus
und sättigst uns mit deinen Gaben.
Durch Christus, unseren Herrn.

An Gedenktagen Mariens und der Heiligen

Gottesmutter Maria

1. Januar

Ewiger Gott, Herr der Zeiten,
wir preisen dich an dieser Jahreswende,
die du uns in deiner Güte erleben läßt.
Auf die Fürbitte der Jungfrau Maria
erhalte uns im Frieden und in der Freude.
Erfülle unsere Herzen mit Dankbarkeit
für all deine Wohltaten.
Durch Christus, unseren Herrn.

Wir preisen dich, Gott, unser Vater,
daß du die Jungfrau Maria auserwählt hast;
aus ihr hat der Erlöser der Welt
Fleisch angenommen.
Auf ihre Fürbitte erhalte unsere Herzen
im Frieden deiner Liebe.
Wir loben dich und danken dir
für deine übergroßen Wohltaten,
durch Christus, unseren Herrn.

Antonius der Einsiedler

17. Januar

Laßt uns preisen den Herrn
am Fest des heiligen Antonius.
Er ist der Ruhm der Mönche;
wie ein herrlicher Baum
im Hause Gottes gepflanzt,
ist er in der Wüste erblüht
und hat die Menschen,
die Christus nachfolgten, auf den Weg
der Gerechtigkeit und Heiligkeit geführt.
Auf die Fürsprache des heiligen Antonius
wollen wir den Herrn bitten,
daß er den Glauben und die Dankbarkeit
in uns vermehre.
Durch Christus, unseren Herrn.

Wir preisen dich, Herr,
am Festtag des heiligen Antonius,
der das Mönchsleben in der Wüste
begründet hat und in Wahrheit und
Gerechtigkeit vor dir gewandelt ist.
Auf seine Fürsprache wollen wir
nie nachlassen im Dank
für alle Wohltaten, die du uns schenkst.
Durch Christus, unseren Herrn.

Bekehrung des Apostels Paulus

25. Januar

Herr, unser Gott, wir preisen dich
für deinen heiligen Apostel Paulus.
Sein Zeugnis hat uns gestärkt,
und er hat uns durch die Frohbotschaft
von deinem Sohn Jesus Christus erleuchtet.
Laß uns durch die Kraft des Gotteswortes
lebendige Früchte tragen
und dir allzeit danken
durch Christus, unseren Herrn.

Gepriesen seist du, Herr, unser Gott,
daß du uns deine Apostel gesandt hast.
Sie haben die Welt durcheilt,
das Wort der Wahrheit verkündet
und für dich eine reiche Ernte eingebracht.
Laß auch uns zu deiner Verherrlichung
Frucht bringen und dir danksagen
für die Gaben deiner Barmherzigkeit.
Durch Christus, unseren Herrn.

Scholastika

10. Februar

Wir preisen dich, Herr, für die heilige Scholastika,
in der sich die Kraft deiner Liebe offenbarte:
Als sie mit ihrem Bruder Benedikt zu Tische saß
und mit ihm zusammen dich preisen wollte,
hast du ihr den Wunsch ihres Herzens erfüllt.
Verleihe uns auf ihre Fürbitte,
daß auch wir dich preisen bei dieser Mahlzeit,
die deine Güte uns schenkt.
Durch Christus, unseren Herrn.

Herr, unser Gott, wir preisen dich
am Fest der heiligen Scholastika.
Sie weihte sich dir wie ihr Bruder Benedikt.
Wie du das einmütige Lob der heiligen
Geschwister bei ihrem gemeinsamen Mahl hörtest,
so höre auch jetzt unseren Dank für die Speise,
die wir aus deiner Hand empfangen.
Durch Christus, unseren Herrn.

Josef
19. März

Gepriesen seist du, Gott, unser Vater,
du hast in deiner Weisheit den heiligen Josef
zum Beschützer der Heiligen Familie bestellt.
Er diente einem Geheimnis,
das niemand erfassen kann:
Er sah die Geburt Christi,
lobte Gott mit den Hirten
und betete mit den Weisen.
Laß uns nach seinem Beispiel
dich in allem loben und ehren,
durch Christus, unseren Herrn.

Gott der Barmherzigkeit,
wir preisen dich
am Gedenktag des heiligen Josef.
Du hast ihn als den getreuen Knecht
zum Pflegevater gemacht.
Laß uns nach seinem Beispiel
für die Bedürfnisse unserer Brüder Sorge tragen,
unsere Pflichten im Dienste deines Sohnes
gewissenhaft erfüllen
und dir danksagen für jede gute Gabe,
durch Christus, unseren Herrn.

Katharina von Siena

29. April

Sei gepriesen, Herr, unser Gott,
für die heilige Katharina,
die ihre Liebe und Demut
aus dem Herzen des Gekreuzigten geschöpft hat.
Für das Heil ihrer Brüder und Schwestern
hat sie deiner Barmherzigkeit
ihre Leiden dargebracht.
Verleihe uns auf ihre Fürsprache,
deine Wahrheit zu erkennen
und dir zu danken für die Geschenke
deiner göttlichen Güte.
Durch Christus, unseren Herrn.

Wir preisen dich, Herr, unser Gott,
für die heilige Katharina.
Sie hat deiner Kirche unermüdlich gedient
und im Beten wie im Tun ihren Blick
unverwandt auf deinen Sohn gerichtet.
Verleihe uns auf ihre Fürsprache
eine stets wachsende Liebe
zu unseren Mitmenschen.
Sei gelobt für die Gaben und Wohltaten,
die du denen schenkst,
die dich in Liebe suchen.
Durch Christus, unseren Herrn.

Johannes der Täufer

24. Juni und 29. August

Gott, unser Vater,
wir preisen dich
für deinen Propheten Johannes den Täufer.
Lehre auch uns, deine Wahrheit
durch unser ganzes Leben zu verkünden.
Sei gelobt, jetzt und immer,
durch Christus, unseren Herrn.

Gepriesen seist du, Gott der Barmherzigkeit;
du hast deinen Propheten Johannes den Täufer
in die Wüste gesandt,
um deinem Gesalbten die Wege zu bereiten.
Gib uns die Gnade, unsere Herzen voll Freude
dem zu öffnen, der kommt,
um sein Volk zu erlösen:
Jesus Christus, unserem Herrn.

Petrus und Paulus

29. Juni

Allmächtiger Gott,
du hast uns durch deine Apostel
das Evangelium Christi verkünden lassen.
Gib, daß wir sie recht verehren
und die Freude deiner Auserwählten teilen,
indem wir dir für die Wohltaten danken,
mit denen du alle erfüllst,
die dich lieben.
Durch Christus, unseren Herrn.

Wir preisen dich, Gott, unser Vater,
am Fest der heiligen Apostel Petrus und Paulus.
Ihre Predigt hat uns erleuchtet
und zur Wahrheit Christi geführt.
Laß uns ihr heiliges Leben verehren und nachahmen
und dir für deine Güte danken,
mit der du jene sättigst,
die dich suchen.
Durch Christus, unseren Herrn.

Benedikt
11. Juli

Wir preisen dich, gütiger Gott,
am Fest unseres heiligen Vaters Benedikt.
Wie ein Baum,
der an Wasserbächen gepflanzt ist,
so wuchs er unter deinem Blick;
wie eine köstliche Frucht nährte er seine Jünger
durch Lehre und Leben.
Sei gelobt, Herr und Gott,
der du uns täglich neu
deinen Segen schenkst,
durch Christus, unseren Herrn.

Wir danken dir, Gott, unser Vater;
du hast deinen Diener Benedikt
mit Segen erfüllt.
Gib, daß wir seine Demut und
sein Vertrauen auf deine Vorsehung nachahmen.
Mach uns wachsam für die Not unserer Brüder,
damit alle an dem Überfluß deiner Gaben teilhaben.
Durch Christus, unseren Herrn.

Maria Magdalena
22. Juli

Herr, unser Gott, wir preisen dich
am Fest der heiligen Maria Magdalena.
Laß uns nach ihrem Beispiel
Christus suchen
und unseren Brüdern
seine Auferstehung verkünden.
Vater, wir loben dich
für alle deine Wohltaten.
Durch Christus, unseren Herrn.

Wir preisen dich,
Gott der Barmherzigkeit,
am Gedächtnistag
der heiligen Maria Magdalena,
der ersten Botin der Auferstehung.
Mach uns zusammen mit ihr bereit,
Christus nachzufolgen
und die Verzeihung unserer Sünden zu erflehen.
Laß unseren Dank wie den Duft des Salböls
zu dir emporsteigen
und deine Barmherzigkeit
auf uns herabkommen,
durch Christus, unseren Herrn.

Marta
29. Juli

Gott, unser Vater, wir preisen dich
durch deinen Sohn Jesus Christus,
den Herrn über Leben und Tod.
Er hat Lazarus, den Bruder von Marta und Maria
aus dem Grab erweckt.
Befreie auch uns
von den Fesseln unserer Sünden,
damit wir dich preisen,
der du uns mit deinen Gaben speist.
Durch Christus, unseren Herrn.

Herr, unser Gott, wir loben dich
für deine Heiligen Lazarus, Marta und Maria.
Dein Sohn, der vor seinem Leiden
den Glauben an die Auferstehung
in uns begründen wollte,
hat seinen Freund Lazarus
aus dem Tod ins Leben zurückgerufen.
Laß uns mit Marta und Maria dir danksagen,
der du uns unaufhörlich das Leben
schenkst und erneuerst.
Durch Christus, unseren Herrn.

Dominikus
8. August

Herr, unser Gott,
wir preisen dich am Fest
deines heiligen Dieners Dominikus.
Überall säte er das Wort der Wahrheit
durch die Verkündigung des Evangeliums.
Laß seinen Geist der Bruderliebe und Freude
auch unter uns herrschen bei diesem Mahl,
das uns in deinem Namen vereint.
Durch Christus, unseren Herrn.

Herr, unser Gott, sei gepriesen
durch deinen heiligen Diener Dominikus.
Voll Freude durcheilte er Städte und Dörfer,
verkündete die Frohbotschaft deines Sohnes
und legte Zeugnis dafür ab.
Gib auch uns den Geist
der Armut und Danksagung,
der du an deinen Dienern Großes vollbringst.
Durch Christus, unseren Herrn.

Laurentius
10. August

Sei gelobt, Herr und Gott,
du gibst dem Sämann den Samen zur Aussaat
und das Brot zur Speise. Laß nach dem Vorbild
deines heiligen Märtyrers Laurentius
die Früchte der Gerechtigkeit in uns wachsen.
Durch Christus, unseren Herrn.

Wir preisen dich, Gott, unser Vater;
du schenkst uns deinen Reichtum,
damit wir ihn freudig anderen austeilen.
Durch deinen heiligen Märtyrer Laurentius
stärke uns in der Geduld
und in der Hoffnung auf deinen Segen.
Durch Christus, unseren Herrn.

Klara
11. August

Herr, unser Gott,
auf die Fürsprache der heiligen Klara
und nach ihrem Beispiel
gib uns Anteil an ihrer Liebe zur Armut.
Dann wird auch unser Leben
überströmen von Freude und Dank
für den Überfluß deiner Gaben
in Christus, unserem Herrn.

Herr, unser Gott, gib uns die Gnade,
wie die heilige Klara und ihre Gefährtinnen
in der Freude zu leben
und dein Evangelium
sichtbar aufleuchten zu lassen.
So können wir dich aus ganzem Herzen preisen,
der du uns mit deinen Wohltaten beschenkst.
Durch Christus, unseren Herrn.

Aufnahme Mariens in den Himmel

15. August

Gott, unser Vater,
am heutigen Tag sagen wir dir Dank,
daß du der Mutter des Lebens
das ewige Leben geschenkt hast.
Entzünde unsere Herzen
mit dem Feuer deiner Liebe,
damit wir deine Größe
und den Reichtum deiner Güter preisen.
Durch Christus, unseren Herrn.

Herr, unser Gott, wir loben dich:
Du hast am heutigen Tag die Jungfrau Maria
in die Herrlichkeit des Himmels erhoben.
Sie ist der wahre Morgenstern,
der uns im Dunkel den Weg weist.
Durch sie hast du uns die Freude
und das Licht ohne Untergang geschenkt.
Wir sagen dir allzeit Dank,
da du uns mit deinen Gütern erfüllst.
Durch Christus, unseren Herrn.

Bernhard von Clairvaux

20. August

Laßt uns preisen den Herrn
am Fest des heiligen Bernhard,
der die Christusinnigkeit
so wunderbar erfahren hat.
Sein mitreißendes Beispiel führe auch uns
zur Anschauung Gottes in der Liebe.
Auf seine Fürsprache bitten wir,
der Herr möge unsere Herzen
im Dank für die unscheinbaren Alltagsdinge
zur Freude seiner Gegenwart führen.
Durch Christus, unseren Herrn.

Wir preisen dich, Herr, unser Gott,
zu Ehren des heiligen Bernhard,
der ganz von jener Liebe ergriffen war,
die Gott und den Menschen zugleich gehört.
Auf seine Fürbitte möge uns
der Empfang der irdischen Gaben
bereitmachen für die Ankunft des Gottesreiches.
Durch Christus, unseren Herrn.

Mariä Geburt

8. September

Laßt uns Christus, dem Herrn, lobsingen
am Fest der Geburt Mariens,
denn aus ihr ist hervorgegangen
die Sonne der Gerechtigkeit.
Er hat den Tod besiegt
und uns mit Segen erfüllt.
Wir preisen den Herrn, der uns das Leben schenkt,
den Vater, den Sohn und den Heiligen Geist,
jetzt und in Ewigkeit.

Großer, wunderbarer Gott, wir preisen dich,
weil du uns die Jungfrau Maria geschenkt hast.
In ihr hast du deinem einzigen Sohn
einen lebendigen Tempel bereitet.
Laß uns dir danksagen
für die Fülle deiner Gaben,
durch Christus, unseren Herrn.

Heilige Engel

29. September

Herr, unser Gott, du hast die Engel erschaffen
als Boten deiner Herrlichkeit.
Sie besingen ohne Unterlaß
den Glanz deiner Gottheit,
der alles Licht überstrahlt.
Laß uns unter ihrem Schutz dir allezeit
Lob und Dank darbringen
für deine zahllosen Wohltaten.
Durch Christus, unseren Herrn.

Herr und Gott, wir preisen dich
am Fest deiner heiligen Engel.
Erfüllt von der Kraft der Liebe,
stehen sie dir allzeit zu Gebote,
um die Menschen zu deinem
ewigen Licht zu führen.
Laß uns auf ihre Fürbitte dir danksagen,
der du uns mit deinen Gaben sättigst.
Durch Christus, unseren Herrn.

Therese von Lisieux
1. Oktober

Wir preisen dich, Herr, unser Gott,
für die heilige Therese,
die in vollkommener Hingabe
an deinen heiligen Willen
Christus in sein Ostergeheimnis gefolgt ist.
Gib, daß wir uns auf ihre Fürsprache
in Demut und als Kinder Gottes
deiner unendlichen Güte anvertrauen,
dir, der du uns mit deinen Gaben erfüllst.
Durch Christus, unseren Herrn.

Gepriesen bist du,
Herr, unser Gott,
am Fest der heiligen Therese.
Aus Liebe zu Christus
hat sie das Kreuz auf sich genommen
und aus ihm segenbringende Kraft geschöpft.
Gib, daß wir der Weisheit ihres Lebens folgen
und in allem dir zu gefallen suchen,
der du uns mit den Gütern
deines Reiches sättigst.
Durch Christus, unseren Herrn.

Schutzengel

2. Oktober

Gott, unser Vater, du hast deine Engel
als Geistwesen erschaffen,
damit sie dir dienen
und die Menschen beschützen.
Unaufhörlich loben sie deine Herrlichkeit.
Durch ihre Fürbitte und ihren Schutz
mache auch uns fähig,
deine Größe und Güte zu preisen.
Wir danken dir und loben dich
für deine Gaben, die unser Leben erhalten.
Durch Christus, unseren Herrn.

Wir preisen dich, Gott der Barmherzigkeit:
du machst deine Engel zu Boten,
die das Heil verkünden
und mit Eifer dir dienen.
Erhalte uns unter ihrem Schutz,
und mach auch uns
zu Boten deiner Gnade,
allzeit bereit, dir zu dienen
und dein Lob zu singen.
Durch Christus, unseren Herrn.

Franz von Assisi

4. Oktober

Nimm an, o Herr, die Gebete deiner Familie,
die in deinem Namen versammelt ist.
Nach dem Beispiel des heiligen Franziskus,
deines Dieners, gib uns die Kraft,
im Geist des Evangeliums
und in wahrer Armut vor dir zu leben.
Mach uns hellhörig
für die Not unserer Brüder
und von Herzen bereit,
unser Brot voll Freude und Dankbarkeit
mit ihnen zu teilen.
Durch Christus, unseren Herrn.

Wir preisen dich, Gott, unser Vater,
für deinen Diener, den heiligen Franziskus.
Er war das lebendige Abbild
des gekreuzigten Jesus,
und er ruft uns auf,
die Frohbotschaft des Heils
aus Liebe zu Christus und zu den Brüdern
durch unser Leben zu verkünden.
Mach uns bereit, die Güter dieser Welt
mit den Ärmsten zu teilen,
damit wir dir alle zusammen
für den Überfluß deiner Gaben danken.
Durch Christus, unseren Herrn.

Teresa von Avila
15. Oktober

Herr, unser Gott, wir loben dich
für die heilige Teresa,
die deine Kirche unermüdlich
an die Liebe des armen
und gekreuzigten Jesus erinnert.
Laß uns an ihrem heutigen Fest
unsere Speise mit dankbarem
Herzen zu uns nehmen
und für alles dich preisen,
was du uns schenkst
in deinem geliebten Sohn
Jesus Christus, unserem Herrn.

Gepriesen seist du, Gott, unser Vater;
du hast der heiligen Teresa
einen glühenden Eifer
zu deinem Dienst verliehen.
Laß uns von ihrer Lehre gestärkt
und von ihrer Christusliebe erfüllt werden,
damit wir dir für all deine Wohltaten danken.
Durch Christus, unseren Herrn.

Kirchweih

3. Sonntag im Oktober

Gott, unser Vater,
du lädst uns immer wieder ein
zum Hochzeitsmahl deines Sohnes.
Gieße die Fülle deines Segens
über deine hier versammelte Familie aus;
laß uns dir danken für deine reichen Gaben,
und führe uns einst in dein Haus, zusammen
mit den Armen, die deine Lieblinge sind,
mit Christus, unserem Herrn.

Gepriesen seist du, Gott unser Vater;
du beschenkst uns
mit dem Reichtum deines Hauses.
Laß uns dankbar daran teilhaben,
und entzünde in uns das Verlangen
nach dem Gastmahl in deinem Reich,
mit Christus, unserem Herrn.

Herr, unser Gott,
du hast diese Stätte mit deiner Gegenwart erfüllt
und willst hier den Menschen begegnen.
Stärke und festige deine Kirche,
das sichtbare Zeichen deines Bundes;
laß uns treu und beständig dir danken
für deine große Barmherzigkeit.
Durch Christus, unseren Herrn.

Allerheiligen

1. November

Gott, unser Vater, sei gepriesen
für die Nahrung, die du uns
in deiner großen Güte schenkst.
Mach uns würdig, mit all deinen Heiligen
zum Gastmahl deines Reiches zu gelangen.
Durch Christus, unseren Herrn.

Gepriesen seist du, Herr, unser Gott;
du schenkst uns Tag für Tag,
was wir für unser Leben brauchen.
Mach uns würdig,
einst mit unseren Brüdern, den Heiligen,
an jenem Festmahl teilzunehmen,
das du denen bereitet hast,
die dich lieben.
Durch Christus, unseren Herrn.

Wir preisen dich, Gott, unser Vater,
du führst die Heiligen auf wunderbaren Wegen
in den Frieden und die Freude deiner Ruhe.
Laß uns dieses Mahl
im Vertrauen auf deine Liebe zu uns nehmen
und dir für deine große Barmherzigkeit
allezeit danksagen.
Durch Christus, unseren Herrn.

Allerseelen

2. November

Gott, unser Vater,
durch die Auferstehung deines Sohnes
hast du den Stachel des Todes hinweggenommen.
Laß uns immer in Danksagung und Freude leben,
weil wir alles aus deiner Hand empfangen.
Urheber des Lebens, dir sei die Ehre
durch Christus, unseren Herrn.

Ewiger Hirte, in deinem Erbarmen
versprichst du all denen,
die du zu dir gerufen hast,
einen Ehrenplatz in deinem Reich.
Laß uns jetzt dieses Mahl
in Danksagung und in der Hoffnung
auf die Auferstehung zu uns nehmen.
Durch Christus, unseren Herrn.

Unsere Liebe Frau in Jerusalem

21. November

Sei gepriesen, Herr, unser Gott,
am heutigen Tag, an dem wir
die Darstellung der Jungfrau Maria
in deinem Hause feiern:
Zeichen des Heilsgeheimnisses
und Beginn der Verwirklichung
deines Erlösungsplanes.
Gib auch uns offene Herzen,
um Maria aufzunehmen,
die strahlende Wohnung deines Sohnes,
damit wir dir auf ihre Fürbitte
allzeit danksagen
für deine unzähligen Wohltaten,
durch Christus, unseren Herrn.

Preis sei Gott am heutigen Tag,
an dem wir Maria feiern,
die uns das Wort des Lebens geboren hat.
Ihre Darstellung im Haus des Herrn
ist Sinnbild für das Geheimnis
des göttlichen Heilsplanes.
Laßt uns Gott, dem Vater im Himmel,
für seine Liebe zu den Menschen danken,
denn er erneuert immerfort unsere Kräfte
durch die Fülle seiner Gaben.
Durch Christus, unseren Herrn.

Unbefleckte Empfängnis Marias

8. Dezember

Herr, unser Gott,
wir feiern heute die unbefleckte Jungfrau Maria,
den reinen Tempel des Heiligen Geistes
und die lebendige Wohnung,
die du deinem Sohn bereitet hast.
Sei gepriesen, Vater,
denn in Maria erfüllst du uns mit deinen Gaben.
Durch Christus, unseren Herrn.

Aus der reinsten Jungfrau
ging die Sonne der Gerechtigkeit hervor,
Christus, unser Gott.
Durch ihn empfangen wir ewiges Leben.
Sei gepriesen, Vater,
für den Reichtum deiner Gaben.
Durch Christus, unseren Herrn.

Freude ist in die Welt gekommen;
die Morgenröte des Heils ist aufgeleuchtet
in der unbefleckten Jungfrau Maria,
die von jedem Makel befreit blieb.
Wir sagen dir Dank, Gott, unser Vater, denn voll
Erbarmen neigst du dich zu uns herab und läßt uns
eins werden in deiner Liebe,
in Christus, unserem Herrn.

Johannes vom Kreuz

14. Dezember

Herr, unser Gott, wir preisen dich
für deinen Diener, Johannes vom Kreuz.
Durch die vollkommene Hingabe seiner selbst
hat er den tiefen Sinn des Kreuzes erfaßt.
Laß uns seine Liebe zu Christus nachahmen
und leben in der Danksagung
für all deine Gaben.
Durch Christus, unseren Herrn.

Wir preisen dich, Gott der Barmherzigkeit,
zum Gedächtnis des heiligen Johannes vom Kreuz.
Laß die lebendige Flamme seiner Christusliebe
immerfort unsere Nacht erhellcn,
damit wir in unserem Leben
deinem Namen die Ehre geben.
Durch Christus, unseren Herrn.

Stephanus

26. Dezember

Herr, unser Gott,
als dein Sohn Jesus Mensch wurde,
hat er unsere Schwachheit
stark gemacht im Widerstand gegen das Böse.
Deinem ersten Blutzeugen, dem heiligen Stephanus,
hat er im Kampf Weisheit und Kraft verliehen
und ihm nach dem Leiden
Anteil an seiner Herrlichkeit geschenkt.
Wir preisen dich für deine Gnade, Herr und Gott.
Stärke uns in der Prüfung,
und führe uns zur Freude in deinem Reich.
Durch Christus, unseren Herrn.

Herr, unser Gott,
du hast den heiligen Stephanus,
den ersten deiner glorreichen Zeugen,
im Angesicht seiner Verfolger
mit Weisheit und Kraft erfüllt.
In seinem Martyrium hat er
deine Herrlichkeit geschaut.
Schenke uns auf seine Fürsprache dein Erbarmen,
der du uns immerfort
mit deinen Gaben erfüllst.
Gepriesen seist du, Herr, unser Gott,
durch Christus, unseren Herrn.

Für die einzelnen Tage des Monats

Erste Woche

Sonntag

Herr, unser Gott,
wir preisen dich
für das Leben und die Gaben,
die du uns schenkst
in deinem Sohn Jesus,
der von den Toten erstanden ist.
Mach uns zu einem einzigen Leib
im Geist der Liebe,
in Christus, unserem Herrn.

Herr, unser Gott,
Beschützer aller, die auf dich hoffen;
gib, daß wir in den Gaben,
die du uns auf Erden schenkst,
den Weg zu deinem Reich suchen.
Dein Geist der Güte führe uns,
jetzt und allezeit.

Gott, unser Vater,
wir wollen dich allzeit loben,
weil du uns mit deinen Gütern erfüllst.
Laß auch diese Mahlzeit
zu deiner Ehre gereichen,
und laß uns dir immer danksagen
durch Christus, unseren Herrn.

Vater unser, wir danken dir
für dieses Mahl,
zu dem wir versammelt sind.
Lege den Lobpreis auf unsere Lippen,
damit wir deinen Namen anrufen,
und gib allen, die dir in Furcht
und Liebe dienen,
die Fülle deiner Gaben.
Durch Christus, unseren Herrn.

Gepriesen seist du, Herr, unser Gott;
du sorgst für deine ganze Schöpfung.
Mach unsere Herzen offen und weit,
damit wir dich loben
und freudig anderen mitteilen,
was wir aus deiner Hand empfangen.
Durch Christus, unseren Herrn.

Herr, unser Gott,
laß uns deine Wege erkennen,
und lehre uns, dir zu danken
für deine reichen Gaben,
jetzt und allezeit.

Herr, unser Gott,
du wachst unaufhörlich
über unserer Schwäche
und gibst uns das,
was wir zum Leben brauchen.
Sei gepriesen für die Fülle deiner Gaben,
    jetzt und immer.

Gott, unser Vater,
immer wieder lädst du uns ein,
dich zu loben und zu preisen.
Gib, daß wir dir danksagen
für dieses Mahl,
zu dem wir in der Liebe
deines Namens versammelt sind,
    in Christus, unserem Herrn.

Gepriesen seist du, Gott, unser Vater;
du hast uns zu diesem Mahl versammelt.
Erhalte uns im Geist der Liebe,
damit wir dir danksagen,
jetzt und allezeit.

Gepriesen seist du, Herr, unser Gott,
in deinem Sohn Jesus,
der immer wieder unsere Kräfte erneuert.
Laß uns dir danken
in der Freude des Heiligen Geistes,
jetzt und allezeit.

Gott, unser Vater, sei gepriesen
in deinem Sohn Jesus,
der für uns Mensch wurde,
um uns zu erlösen.
Laß uns dir danken für dieses Brot,
das uns stärkt.
Laß uns in deinem Licht leben,
jetzt und allezeit.

Sei gepriesen, Herr, unser Gott:
Du gibst allem, was lebt, die Nahrung.
Gewähre uns, was wir
für unser Leben brauchen,
damit wir Gutes tun
und dir in Freude danken können,
durch Christus, unseren Herrn.

Herr, unser Gott,
in deiner Güte
hast du uns die Jungfrau Maria gegeben.
Durch ihre göttliche Mutterschaft
ist sie für alle Menschen
zum unversiegbaren Quell
des Lebens geworden.
Verleihe uns auf ihre Fürbitte
deinen Beistand in unseren Aufgaben,
damit wir den Menschen dienen
und dir allzeit danken können.
    Durch Christus, unseren Herrn.

Herr, unser Gott,
aus Maria, der Jungfrau,
ist das Leben zu uns gekommen,
dein Sohn, der allen
Menschen Nahrung gibt.
Wir danken dir für dieses Mahl
und für die Speise,
die zum ewigen Leben gereicht,
    durch Christus, unseren Herrn.

Zweite Woche

Sonntag

Gepriesen seist du, Herr, unser Gott,
für den Bund, den du
durch deinen Sohn erneuert hast.
Du hast deinen Kindern
einen Tisch bereitet
und ihnen das Himmelsbrot gegeben.
Wir danken dir, Vater,
daß du uns stärkst
auf unserem Weg zu dir.
    Durch Christus, unseren Herrn.

Geheiligt werde dein Name
auf der ganzen Erde,
Herr, unser Gott;
du hast uns durch deinen Geist der Liebe
zu deinen Kindern gemacht.
Sei gelobt für all deine Wohltaten,
    jetzt und allezeit.

Herr, unser Gott,
gib, daß wir unaufhörlich
deine Barmherzigkeit loben;
du schenkst die Frucht der Erde
und läßt das Werk unserer Hände gedeihen.
Es ist würdig und recht,
dir für so große Wohltaten zu danken,
durch Christus, unseren Herrn.

Herr, unser Gott,
laß uns in den Armen dieser Welt
das Bild deines Sohnes erkennen.
Wir wollen dieses Mahl
in Eintracht miteinander teilen
und dir unseren Dank sagen,
durch Christus, unseren Herrn.

Gepriesen seist du, Vater,
du erhältst uns am Leben
und erfreust uns immer wieder
mit der Fülle deiner Gaben.
Hilf den Menschen,
sich immer der Armen anzunehmen,
damit alle das tägliche Brot erhalten
und dir mit frohem Herzen danken können,
durch Christus, unseren Herrn.

Vater im Himmel,
sei gepriesen für dieses brüderliche Mahl.
Und weil der Mensch nicht allein vom Brot lebt,
gib uns Hunger nach deinem Wort,
jetzt und allezeit.

Gepriesen seist du, Gott, unser Vater,
in deinem Sohn Jesus Christus,
der zu uns herabkam,
um uns zu dir zurückzuführen.
Mach uns fähig, in Demut und Dankbarkeit
alles aus seiner Hand anzunehmen,
jetzt und allezeit.

Gepriesen seist du, Herr, unser Gott,
in deinem Sohn Jesus Christus,
der unsere Schwachheit angenommen hat,
um uns seine Kraft zu geben.
Laß uns in Freude und Dank
dieses Mahl zu uns nehmen.
Durch Christus, unseren Herrn.

Herr, unser Gott,
du hast unseren Vater Abraham gesegnet,
als du an seinem Tisch Platz genommen hast.
Gib auch uns deinen Segen,
damit wir dieses Mahl in der Freude
über deine Gegenwart zu uns nehmen.
Durch Christus, unseren Herrn.

Herr und Vater,
du läßt das Korn wachsen
und die Ernte reifen:
Sei gepriesen für dieses Brot,
das du uns schenkst,
und laß uns einst in deinem Reich
mit allen Heiligen zu Tisch sitzen.
Durch Christus, unseren Herrn.

Gepriesen seist du, Gott, unser Vater!
Um uns zu retten,
hast du deinen eigenen Sohn gesandt,
der freiwillig für uns
die Qual des Kreuzes erduldet hat.
Gib uns die Gnade,
unsere Sünden zu bereuen,
und die Kraft zur Umkehr,
die der Heilige Geist in uns wirkt,
damit wir dem Licht der Auferstehung
mit bereitem Herzen entgegengehen.
Durch Christus, unseren Herrn.

Gepriesen seist du, Herr, unser Gott!
Zu unserem Heil
hast du deinen Sohn gesandt,
der unter uns war wie einer, der dient.
Hilf uns, nach seinem Beispiel
auf die Bedürfnisse unserer Brüder zu achten,
damit wir voll Dank
und in Freude über deine Gegenwart
unser Brot mit ihnen teilen.
Durch Christus, unseren Herrn.

Allmächtiger Vater,
du hast Wohlgefallen gefunden
an der Reinheit der Jungfrau Maria.
In ihr hat dein Sohn Wohnung genommen
und der Heilige Geist
das Feuer seiner Liebe entfacht.
Lehre uns, nach ihrem Beispiel
jederzeit dein Lob zu verkünden,
der du uns mit deinen Gütern erfüllst.
Durch Christus, unseren Herrn.

Gepriesen seist du, Gott, unser Vater;
aus der seligsten Jungfrau
ist der höchste Hirte hervorgegangen
und hat sich mit unserer Menschheit bekleidet;
unermüdlich ernährt er uns,
denn er kennt unsere Schwäche.
Laß uns dir danksagen
für den Überfluß deiner Gaben,
durch Christus, unseren Herrn.

Dritte Woche

Sonntag

Gott, unser Vater, wir preisen dich
für deinen Sohn Jesus,
der die Menschen unaufhörlich
mit seinem Ostermahl nährt,
damit sie zu dir finden.
Lehre uns, unsere Brüder so zu lieben,
wie dein Sohn uns geliebt hat.
Hilf uns, daß wir voll Dankbarkeit
die Güter deiner Schöpfung
mit ihnen teilen.
Durch Christus, unseren Herrn.

Sei gepriesen, Gott, unser Vater!
Durch Jesus, deinen Sohn,
hast du uns vom Tod zum Leben geführt.
Wir danken dir für dieses Mahl,
das uns in seiner Liebe vereint.
Laß uns Früchte tragen,
damit die Menschen zum Brot
deines Wortes finden
und das Licht
der Auferstehung erfahren.
Durch Christus, unseren Herrn.

Gepriesen seist du, Gott, unser Vater,
du Spender alles Guten!
Du stärkst uns in unserer Schwachheit.
Nimm an unseren Dank
für die Fülle deiner Gaben,
und führe uns durch deinen Geist
zu den unvergänglichen Gütern.
Durch Christus, unseren Herrn.

Gott, unser Vater, wir preisen dich!
Du hast uns zu dieser Tischgemeinschaft
geladen. Nimm an unseren Dank;
erhalte uns im Frieden
und in der Bereitschaft,
das Brot mit unseren Brüdern zu teilen
und ihnen in Freude zu dienen,
weil du unter uns bist.
Durch Christus, unseren Herrn.

Herr, gütiger Vater,
du willst alle, die dich anrufen,
mit deinen Gaben beschenken.
Nimm unseren Dank an,
und mach uns zu Kindern des Lichtes,
die hochherzig mit anderen teilen,
was sie aus deiner Hand empfangen haben.
Durch Christus, unseren Herrn.

Herr, unser Gott, wir preisen dich!
Du deckst denen den Tisch,
die dich lieben
und nach deinem Wort hungern.
Mach unser Herz offen und weit,
damit dieses Mahl ein Zeichen werde
für das Festmahl in deinem Reich.
Durch Christus, unseren Herrn.

Vater der Barmherzigkeit,
du hast denen, die dich fürchten,
den Reichtum deiner Güter verheißen.
Erfülle uns mit deinem Segen,
damit wir deine Liebe weitergeben
an unsere Brüder,
die dieses Zeichen deiner Güte erwarten.
Durch Christus, unseren Herrn.

Vater im Himmel, wir danken dir
für dieses Mahl, zu dem wir versammelt sind.
Laß uns diese Speise
mit freudigem Herzen zu uns nehmen
und dich in Eintracht und brüderlicher Liebe
allezeit loben und preisen.
Durch Christus, unseren Herrn.

Herr, unser Gott, zeige uns den Weg,
damit wir in allem deinen Willen tun.
Laß uns dir in Treue danksagen
für deine Güter,
die du uns immer neu gewährst,
durch Christus, unseren Herrn.

Herr, unser Gott,
hilf uns, dich ständig zu suchen
in Treue und im Geist deiner Liebe.
Laß uns nie nachlassen in der Dankbarkeit
für die Fülle deines Segens.
Durch Christus, unseren Herrn.

Herr, unser Gott,
aus der durchbohrten Seite deines Sohnes
sind Blut und Wasser geflossen
wie aus einer lebenspendenden Quelle.
Gib uns die Gnade, im Licht zu leben
und dir dankzusagen.
Stärke uns auf dem Weg
zu deinem Reich.
Durch Christus, unseren Herrn.

Gott, unser Vater,
dein Sohn hat arm
unter uns Menschen gelebt.
Löse uns von vergänglichem Reichtum,
damit wir mit dankbarem und großmütigem
Herzen deine Gaben empfangen.
Durch Christus, unseren Herrn.

Herr, unser Gott,
die unbefleckte Jungfrau
hat in ihrem Schoß
dein göttliches Wort empfangen.
Gib den Schwachen Kraft
und den Hungrigen Nahrung,
du, der du uns unaufhörlich
mit deinen Gaben sättigst.
Wir danken dir, Vater, jetzt und immer,
durch Christus, unseren Herrn.

Wir preisen dich, allmächtiger Gott;
wir ehren die Jungfrau Maria,
denn sie hat den Herrn
der Herrlichkeit geboren,
durch den du allem, was lebt,
Nahrung schenkst.
Wir sagen dir Dank,
jetzt und allezeit.

Vierte Woche
Sonntag

Gepriesen seist du, Herr, unser Gott;
du hast uns deinen Sohn gesandt,
den Guten Hirten seiner Herde;
er ruft uns alle
zu diesem brüderlichen Mahl.
Erhalte uns in seiner Liebe,
damit wir dir einmütig danken,
jetzt und allezeit,
durch Christus, unseren Herrn.

Herr, unser Gott,
wir preisen die Auferstehung
deines Sohnes Jesus Christus.
Nimm unseren Dank an
für all deine Wohltaten,
und laß das Licht deines Angesichts
über uns leuchten.
Durch Christus, unseren Herrn.

Wohl denen, die den Herrn fürchten
und auf seinen Wegen gehen;
sie erhalten die Frucht des Lebens.
Gepriesen seist du, Vater,
der du uns mit deinen Gaben erfüllst.
Durch Christus, unseren Herrn.

Herr, unser Gott,
du hast den Himmel
mit Sternen geschmückt
und die Erde aus Liebe geschaffen.
Schöpfer des Weltalls, sei gelobt,
jetzt und in Ewigkeit.

Gepriesen seist du, Gott, unser Vater,
du schenkst uns die Fülle deiner Gaben.
Mit der ganzen Schöpfung loben wir dich,
Urquell des Lebens.
Ehre sei dir,
jetzt und in Ewigkeit.

Herr, unser Gott,
du schenkst das lebendige Brot,
das für das Leben der Welt geopfert wurde.
Wir wollen dir für dieses brüderliche Mahl
unseren Dank sagen und es
von Herzen miteinander teilen.
Durch Christus, unseren Herrn.

Herr, unser Gott, wir preisen dich,
denn du hast denen,
die auf dich vertrauen,
Leben und Nahrung versprochen.
Gib uns ein reines Herz;
laß uns dir jetzt und immer
dankbar sein,
durch Christus, unseren Herrn.

Vater des Erbarmens,
in dir ist die Quelle des Lebens.
Sei gelobt für deine Gaben;
erhalte in deiner Liebe,
die dich von Herzen suchen.
Durch Christus, unseren Herrn.

Sei gelobt, Gott und Vater:
Du erneuerst Tag für Tag unsere Kräfte
und erhältst uns
durch die Fülle deiner Gaben.
Wir sagen dir Dank,
jetzt und allezeit,
durch Christus, unseren Herrn.

Wir preisen dich, Herr, unser Gott;
du erfüllst uns mit deinen Gütern.
Laß uns dir beständig danksagen,
in ganz besonderer Weise
für deine Gegenwart unter uns.
Durch Christus, unseren Herrn.

Gott, unser Vater,
wir wollen dich immer loben
für all deine Gaben.
Schenke uns die Freude des Heiligen Geistes
durch deinen Sohn,
der das Leid überwunden hat,
Christus, unser Herr.

Gott, unser Vater,
durch die Erniedrigung deines Sohnes
hast du uns erhoben,
so daß wir immer bei dir sein können.
Gib, daß wir dich in Freude und Dank
jederzeit für alles preisen,
was du uns schenkst.
Durch Christus, unseren Herrn.

Herr, unser Gott, dein göttliches Wort
ist unter uns erschienen,
geboren von der Jungfrau Maria.
Vereint mit Jesus, ihrem Sohn,
wollen wir dich immer freudig loben,
der du uns mit deinen Gaben beschenkst.
Durch Christus, unseren Herrn.

Gepriesen seist du, Gott und Vater,
für die Jungfrau Maria:
Durch sie hat die ewige Weisheit
eine Wohnstatt unter uns gefunden.
Die ganze Welt wurde
von diesem Reichtum erfüllt.
Laß uns dir allzeit danken,
durch Christus, unseren Herrn.

Nach der Mahlzeit

Nachdem wir mit den Gaben der Schöpfung
gesättigt worden sind,
wollen wir den Schöpfer nicht vergessen,
der uns unaufhörlich
von der Macht des Bösen befreit
und uns in das Land der Verheißung führt.
Laßt uns ihm danksagen
durch Christus, unseren Herrn.

Herr, du hast uns mit deinem Segen beschenkt,
und wir danken dir.
Laß uns auf dem Weg deiner Gebote gehen,
damit wir vereint bleiben in dir.
Sei gepriesen, gütiger Vater,
durch Christus, unseren Herrn.

Allmächtiger Gott,
du gibst den Menschen Nahrung,
damit sie dich loben,
und du gibst ihnen das Brot
des ewigen Lebens
durch Jesus Christus, deinen Sohn.
Sei gepriesen, gütiger Vater,
für die Fülle deiner Gaben,
durch Christus, unseren Herrn.

Wir danken dir, Gott und Vater,
du hast uns mit deinen Gaben gesättigt;
gib uns auch Anteil an den Freuden
deines himmlischen Reiches.
Wie Jesus in die Mitte seiner Jünger trat
und ihnen den Frieden brachte,
so bleibe er auch unter uns,
jetzt und in Ewigkeit.

Sei gepriesen, Herr, unser Gott.
In deiner großen Güte
hast du uns gespeist.
Wir wollen deinen Namen ehren
und dir für all deine Wohltaten danken,
durch Christus, unseren Herrn.

Ehre sei dir, Vater des Erbarmens;
du hast uns zu unserem Wohl
das Brot gegeben;
erfülle uns auch
mit dem Geist deiner Liebe,
damit wir würdig werden,
einst mit deinem geliebten Sohn
am Festmahl deines Reiches teilzunehmen,
mit Christus, unserem Herrn.

Gelobt seist du, Gott, unser Vater!
In deiner Barmherzigkeit
hast du uns mit den Gaben
deiner Schöpfung genährt.
Wir danken dir allezeit
durch Christus, unseren Herrn.

Herr, unser Vater,
nimm unseren Dank
für das tägliche Brot gnädig an.
Gib uns auch Hunger und Durst
nach deinem Wort, nach deinem Sohn,
Christus, unserem Herrn.

Herr, unser Gott,
du suchst die Erde heim
und erfüllst sie mit deinen Gütern.
Du ernährst uns mit dem Überfluß deiner Gaben.
Sei gepriesen, gütiger Vater,
durch Christus, unseren Herrn.

Du hast uns erfreut,
Herr, unser Gott,
mit dem Geschenk deiner Gaben,
die ein Zeichen deines Segens sind.
Wir sagen dir Dank,
jetzt und immer,
durch Christus, unseren Herrn.

Herr, unser Gott,
du hast uns mit den Gaben
deiner Schöpfung gesättigt.
Wir sagen dir unseren Dank
durch Christus, unseren Herrn.

Herr, unser Gott,
durch die Fülle deiner Gaben
sind wir gesättigt worden.
Du umgibst uns mit deiner Barmherzigkeit,
und wir danken dir, gütiger Vater,
durch Christus, unseren Herrn.

Inhalt

In der gleichen Reihe sind erschienen:

ENTZÜNDE IN UNS DAS FEUER DEINER LIEBE
Gebete zum Heiligen Geist

Herausgegeben von Josef Sudbrack SJ

136 S., gebunden mit Schutzumschlag
ISBN 3-87996-248-0

„Diese schön gestaltete Sammlung ... bietet Gebete zum Heiligen Geist, Gebete um den Heiligen Geist und Texte über den Heiligen Geist aus vielen christlichen Kirchen. Texte von über 60 Autoren aus zwei Jahrtausenden zeigen, daß die Welt sich heute wie vor 2000 Jahren nach dem Kommen des Geistes sehnt, und sie dokumentieren die Fülle und Weite christlichen Lebens."

Fuldaer Zeitung

Therese von Lisieux
GEBETE DER LIEBE

Mit einer Einführung von Waltraud Herbstrith OCD

128 S., gebunden
ISBN 3-87996-256-1

Therese von Lisieux tat sich schwer mit vorformulierten Gebeten. Auch ihre Gebete sind nicht zum Nachsprechen gedacht. Sie spricht zu Gott in der unbekümmerten Natürlichkeit eines Kindes: „Ihm kann ich alles sagen. Er hört mir immer zu." In den in diesem Buch zusammengetragenen Gebeten kann man ihr fortschreitendes Gespräch mit Gott miterleben, zu dem die Lebensumstände immer neuen Stoff liefern. Daher sind die Gebete im Kontext ihrer Entstehung belassen. In dem, was sie ihrem Gott sagt, offenbart sich ihr Inneres, ihre Freude und ihr Suchen und Fragen.

VERLAG NEUE STADT MÜNCHEN · ZÜRICH · WIEN

Teresa von Avila
VERWEILEN BEI EINEM FREUND
Gebete

Herausgegeben von Ulrich Dobhan OCD

136 Seiten, gebunden
ISBN 3-87996-246-4

Die Gebete, die P. Ulrich Dobhan, der Provinzial des Teresianischen Karmel in Deutschland, in diesem Buch zusammengetragen hat, zeigen uns die „große Lehrmeisterin des Gebets" in ihren Höhen und Tiefen, in den Schwierigkeiten, die sie jahrzehntelang mit dem Beten hatte, wie auch in der tiefen Erfüllung, die sie in der Freundschaft mit Christus fand. Das Buch kann eine wertvolle Hilfe für jeden sein, der sich um ein lebensnahes Beten bemüht.

Johannes vom Kreuz
IHN WILL ICH SUCHEN, DEN MEINE SEELE LIEBT
Gebete und Betrachtungen

Herausgegeben vom Karmel in Mailand

120 Seiten, gebunden
ISBN 3-87996-200-6

„Eine Fundgrube selten tiefer Gedanken und Gebete. Die Lektüre dieser Aufzeichnungen kann nicht nur geistlichen Berufen, sondern auch Laien empfohlen werden."

Amtsblatt für die Erzdiözese Bamberg

FRANZ VON ASSISI – GEBETE

112 Seiten, gebunden
ISBN 3-87996-191-3

„Da oftmals die Hintergründe und Lebenssituationen geschildert werden, aus denen heraus die Gebete entstanden sind, vermittelt dieses Buch ein Innenleben des Mannes, von dem die Chronik sagt, er sei Christus am ähnlichsten gewesen."

Fuldaer Zeitung

VERLAG NEUE STADT MÜNCHEN · ZÜRICH · WIEN